みんなで作るパクチー料理

佐谷恭&パクチーハウス東京

paxi house tokyo

スモール出版

はじめに

この本を手に取ったみなさんなら、ご存知だと思われる「パクチー」。
「コリアンダー」や「香菜（シャンツァイ）」という名でも知られる、東南アジア料理をはじめ、世界中でよく使われる食材です。

ただしこのパクチー、あまりに独特で強烈な香りがあるため、好きな人は大好きという半面、嫌いな人はとにかくダメという、好き嫌いがとてもハッキリしている食材としても有名です。

そんなパクチー料理の専門店が、東京都世田谷区経堂にあります。
――その名も「パクチーハウス東京」。

本書はそのパクチーハウス東京が、パクチーをふんだんに使った、ご家庭で作れるおすすめ料理を紹介するレシピブックです。

この本によって、パクチー好きのあなたが、もっとパクチーのことを好きになり、この食材のさらなる魅力と、新たな可能性を感じとってくだされば幸いです。

それでは調理を始めましょう！

もくじ

第２章　パクチー×日本全国名産品コラボレシピ

Paxi House Column

パクチーの魅力

パクチーには捨てるところがありません。
パクチーは、葉はもちろん、茎、種、根っこや花まで食べられる食材です。スーパーなどで売られているパクチーは根が切り取られていることが多いですし、「葉っぱ」のインパクト（というかイメージ？）が強すぎるため、葉の部分のみを食べるものだと思い込んでいる方々も多いのですが、実はそうではないのです。

パクチーの種はコリアンダーシードとも呼ばれ、カレーのスパイスの中で最もメジャーな存在です。パクチーの種を両手にすくい、大きく鼻で息を吸い込んでみると、カレーの香りが漂います。数粒をひいたときの香りは柑橘系なのに、大量になるとカレー。これがパクチーマジック！
大多数の日本人はカレーが大好きですが、一方で、ほとんどの日本人はパクチー嫌いのようです。僕はパクチー嫌いでカレーマニアのあなたに言いたい。「お前はすでに食べている！」。パクチーなくしてカレーは存在しないのだから。

かなりマニアックな食べ方を紹介しましょう。この食べ方ができるのは、栽培者の特権でもあります。
パクチーは生命力の強い植物で、畑で放置しておくとどんどん伸びていきます。1メートルを超えることすらあるほどです。50cmを超えると薹《とう》がたって食べにくくなりますが、そんなパクチーの茎を一皮二皮剥いて中の柔らかい部分を食べると……甘い！
これがパクチー農家さんに教えてもらった至高の食べ方です。
また、パクチーの花が散ったあとにできたばかりの種もまた珍味。
色はまだ緑。噛むと柑橘系のさわやかな香りが口の中に広がり、その後、体全体をパクチーに包まれるような感覚が起こります。この味わいはまさにフルーツ！　これを食べるためにパクチーを栽培する人がいてもおかしくないほどの究極のおいしさです。

ところで、「パクチーは暑い国のもの」「東南アジアのもの」——こうした誤った情報がはびこっています。確かに初めて食べて衝撃を受けるのはベトナム料理での体験かもしれないし、パクチーという名前はタイ語に由来してもいます。ちなみに英語ではコリアンダー、中国語では香菜《シャンツァイ》、スペイン語ではシラントロです。

しかしパクチーの原産地は地中海沿岸とされており、ポルトガルやモロッコ、そして大西洋を渡ってメキシコ、ペルーなどでは、東南アジアとは比較にならないぐらい頻繁に料理に使われているのです。

好きな人も嫌いな人も、ほとんどはパクチーの「ごく一部」の特徴や印象を指して、称賛したり否定したりしているようですが、パクチーとは一筋縄ではいかない食材です。

僕はパクチーの魅力をもっともっと知ってほしいと願っています。そのために、パクチーを栽培し、毎日食べてみることをおすすめします。

栽培用の種は、我々が創設した「パクチー銀行」でお貸しできます。返済の義務はありません。もしも栽培に成功したら、余った種を銀行に返してくれればいいのです。そして、その種をまた希望者に貸し出すのがパクチー銀行の仕組み。30人に配布した2006年からたった6年で、2012年には2000人近くの人に種を渡すまでになりました。

パクチーでつながるネットワーク。ぜひあなたもご一緒に！

「パクチー銀行」 http://bank.paxi.jp/

パクチーハウス東京
佐谷恭（Kyo paxi）

パクチーとは？

【科・属名】セリ科コエンドロ属（一年生草本）

【学名】Coriandrum sativum L.

【和名】コエンドロ

英語の「コリアンダー」や中国語の「香菜《シャンツァイ》」としても知られる、セリ科の一年草。
地中海沿岸が原産で、世界中で用いられている香味料の一つです。
日本へは10世紀より前に中国より渡来しました。ポルトガル人が伝えたことで、江戸時代にはポルトガル語のcoentroから「コエンドロ」と呼ばれるようになったと言われています。
茎と葉ともに、独特の香気がとても強いのが特長です。花は白色で多数咲き、5ミリ程度の球形の果実をつけます。茎と葉は肉料理やスープ、果実はピクルスやソーセージ、種の粉末はカレーやクッキーなどに広く用いられています。
また、古代ローマの時代から肉の保存にも使われ、医学の父・ヒポクラテスは、胸焼けを防止し睡眠薬にもなると記しました。また「聖書」にも登場し、『千夜一夜物語』には媚薬としての記述もあります。

【この本の使い方】

◎計量の単位は以下の通りです。

大さじ1＝15mℓ (cc)、小さじ1＝5mℓ (cc)、1カップ＝200mℓ (cc)

◎人数は目安としてください。

第１章

パクチー定番レシピ

パクチーハウス東京の店舗でもおなじみの、
人気の定番メニューを紹介します。
パクチーを惜しみなく使った料理を、思う存分ご堪能ください!

ほおばるサラダ 生春巻

皮のやわらかい食感の後に、シャキッとした野菜の歯ごたえ。
まさに、ほおばるサラダです。

材料（2本）

サニーレタス ••• 2枚
水菜 ••• ¼束
細ねぎ ••• 1本
むきエビ ••• 4匹
ライスペーパー ••• 2枚
パクチー ••• 適量（お好みで）

作り方

1 野菜を15cmほどに切りそろえます。むきエビはゆでて冷ましておきます。
2 ライスペーパーを水で湿らせて、もどしましょう。その上に野菜を並べて、端から巻いていきます。
3 半分ぐらいまで巻いたところで、両端を折り込みます。
4 パクチーとむきエビをのせて仕上げたら、2つにカットします。

＼one point／

つけダレはお好みでどうぞ！
ちなみにパクチーハウスでは、島唐辛子を漬け込んだ
オリジナル辛醤油でいただきます。

パク天

しそでも春菊でも味わえない、
甘みの引き立つ、パクチー100%の天ぷらをどうぞ。

材料（2人分）

パクチー ••• 100g
薄力粉 ••• 90g
卵 ••• 1個
冷水 ••• ½カップ
揚げ油 ••• 適量
パク塩※ ••• 適量

※乾燥させたパクチーを粉末にし、塩と混ぜて作ります。

作り方

1 薄力粉に卵と冷水を入れ、軽く混ぜます。
2 パクチーを適当な大きさに切り、1にくぐらせます。
3 2を180℃の油に入れ、形を整えながら揚げます。
色が変わる前に引き上げましょう。
4 パク塩で、熱いうちにいただきます。

\ one point /

そばやうどんにのせて天ぷらそばにしたり、
タレをかけて天丼などにしてもおいしいです。

ヤンパク

パクチーの風味は、ラム肉とベストマッチ!
北京で食べた中国東北地方の羊料理をアレンジして生まれたメニューです。

材料（2～3人分）

ラム肉(薄切りか焼肉用) ••• 200g
ニンニク ••• 1片
パクチー ••• 5～6本
ミニトマト ••• 2個
レモン ••• ¼個
パク塩※ ••• 小さじ1
コショウ ••• 小さじ½
パクチーの種(ひいたもの) ••• 小さじ½
オリーブオイル ••• 適量

※乾燥させたパクチーを粉末にし、塩と混ぜて作ります。

作り方

1 ラム肉にパク塩とコショウ、粉状にひいたパクチーの種の半量を振って、なじませます。
2 フライパンにオリーブオイルをひき、みじん切りにしたニンニクを炒め、強火にしたら1を入れます。
3 お皿にざく切りにしたパクチーを敷きつめ、2をのせます。
4 コショウと残りのパクチーの種を振りかけ、切ったミニトマトとレモンをのせれば完成です。

＼one point／

味のコンビネーションが絶妙なので、
食べるときにざっくりと混ぜて、
ラムとパクチーを一緒に食べたときの味わいをお楽しみください。

ラグマン鍋

ウイグル料理の「ラグマン」と、日本の鍋文化の融合。
パクチーハウスの佐谷恭が「世界一うまい鍋料理」と語る絶品!

材料（4人分）

ラム肉(しゃぶしゃぶ用) ••• 400g
ニンニク ••• 3片
しょうが ••• 3cm
タマネギ ••• ½個
水菜 ••• 1株
ニラ ••• 1束
クレソン ••• 1束
ニンニクの芽 ••• 5～6本
ピーマン ••• 2個
ジャガイモ ••• 2個
しめじ ••• 1パック
パクチー ••• 大量(お好みで)
ローリエ ••• 1枚
クミンシード ••• 小さじ1
塩、コショウ、油 ••• 適量
トマト水煮缶 ••• 1缶
水 ••• 400mℓ

作り方

1 ニンニク、しょうがはみじん切り、タマネギはうす切りにします。水菜、ニラ、クレソン、ニンニクの芽は約5cmにカットし、ピーマンは細切りにします。ジャガイモは皮をむいて、一口大に切ったら水にさらしましょう。しめじは石づきを取って、ほぐしておきます。
2 パクチーは根を落とし、ざく切りにします。根は後で使います。
3 鍋に油をひき、ローリエ、クミンシード、1でカットしたニンニク、ショウガを炒めて香りを出します。タマネギを加え透き通ってきたら、パクチーの根を加えて炒めます。
4 ここにトマト水煮缶と水400mℓを加え、沸騰したら、塩コショウで味付けをします。火の通りにくい野菜から順番に入れ、ラム肉も入れていきます。器に盛ったら、パクチーを大量にのせましょう。

＼one point／

締めはぜひともパクチー麺で!

パクーニャカウダ

イタリア・ピエモンテ州の野菜料理「バーニャカウダ」。
パクチーでアレンジしたディップソースで、旬の野菜を召し上がれ。

材料（4～5人分）

お好みの野菜 ••• 適量

［ディップソース］

アンチョビ缶 ••• 1個

ニンニク ••• 120g

牛乳 ••• 70mℓ

水 ••• 250mℓ

生クリーム ••• 40mℓ

コショウ ••• 3g

パクチーの種（ひいたもの） ••• 2g弱

オリーブオイル ••• 100mℓ

作り方

1 皮をむいたニンニクを、牛乳に一晩漬け込みます。
2 1に水を加え、ニンニクが柔らかくなるまで煮て、流水にさらします。
3 鍋にアンチョビを入れ、少量のオリーブオイル（分量外）で香りが出るまで炒めます。
4 3にニンニク、生クリーム、コショウ、パクチーの種をひいたものを入れたら、潰し伸ばす感覚でオリーブオイルを入れながらかき混ぜます。
5 お好みの野菜スティックやトウモロコシなど、季節の野菜をディップソースにつけていただきます。

＼one point／

バゲットに乗せて食べるのもオススメです。

パクパクピッグパクポーク
ビッグパクパクパクポーク

煮込んだ豚バラ肉に、たくさんのパクチーを添えて。
柔らかなお肉の脂が、口の中でとろけます。

材料（2～3人分）

豚バラ肉(ブロック) ••• 250g
パクチーの種(ひいたもの) ••• 5g
長ネギ ••• 適量
パクチー ••• 大量(お好みで)
塩 ••• 少々
コショウ ••• 少々

[タレ]
しょうゆ ••• 大さじ2
酢 ••• 大さじ1
ゴマ油 ••• 大さじ1
ラー油 ••• 小さじ1

作り方

1 豚バラ肉にパクチーの種の半量、塩、コショウを振り、下味を付けます。
2 長ネギはみじん切りにします。
3 鍋に豚バラ肉と水（分量外）、刻んでいないパクチーの根をそのままと、残りのパクチーの種を入れ、コトコトと長時間煮込みましょう。
4 よく煮込んだら豚バラ肉をお皿に盛り付け、ざく切りのパクチーとみじん切りの長ネギを添えます。
5 タレの材料をすべて混ぜて、4にかけたら完成です。

＼one point／
たとえ自宅であっても、
食べる際には、ぜひこの正式名称をお使いください！

くるりんパク

鶏ひき肉を、鶏もも肉で巻いたチキンロール。
パクチーとマスタードのソースでいただきます。

材料（2人分）

鶏もも肉 ••• 1枚
塩 ••• 小さじ1
コショウ ••• 少々
スープストック ••• 適量
パクチー ••• 適量

A
- 鶏ひき肉 ••• 80g
- ケッパー ••• 5g
- 小麦粉 ••• 小さじ1
- 白ワイン ••• 少々
- 塩 ••• 少々
- コショウ ••• 少々

［パクチーマスタードソース］
パクソース※ ••• 10g
粒マスタード ••• 大さじ1
レモン汁 ••• 小さじ1

※パクソースのレシピはP.29を参照。

作り方

1 鶏もも肉の余分な脂や筋などを取り除き、均一な厚さにします。肉の皮目と反対の面に、塩コショウをします。

2 Aの材料を混ぜ合わせ、1の上にのせたらロール状に巻きます。空気が入らないようにしながら、ぴっちりとラップで包みましょう。

3 ラップで巻いた状態で、75度前後の低温のスープストックで煮ます。

4 40分煮込んだら取り出し、ラップに穴を開けて中の煮汁や空気を出します。切ったときの断面が円形になるよう、温かいうちに形を整えましょう。そして冷蔵庫で一晩、冷やし固めます。

5 パクソース、粒マスタード、レモン汁を混ぜ合わせてパクチーマスタードソースを作ります。お皿にソースを敷き、くるりんパクをカットして盛りつけ、ざく切りのパクチーを添えれば完成です。

＼one point／

スープストックは、チキンブイヨンをお湯に溶いたものなどでも代用できます。
中に好みの野菜を入れて巻くと、見た目も美しくなります。

ぐちゃぐちゃが美味しい皮蛋豆腐

皮蛋豆腐にパクチーをプラス。
個性的な二つの食材に、お豆腐がまろやかにからみます。

材料（2人分）

木綿豆腐（あれば沖縄島豆腐）••• 半丁
ピータン ••• ½個
パクチー ••• 30g
細ねぎ ••• 適量
［タレ］
醤油 ••• 大さじ6
酢 ••• 大さじ3
ラー油 ••• 大さじ1
ゴマ油 ••• 大さじ1

作り方

1 豆腐の水気をふきとって、サイコロ状に切ります。
2 ピータンを等分に切りましょう。
3 刻んだパクチーを敷いた器に盛り付け、タレの材料を混ぜ合わせてかけます。細ねぎの小口切りを散らせば完成です。

＼one point／
時間があるときは豆腐をきちんと水切りすると、
味が濃くなって、さらにおいしくなります。

カスピ海サラダ

カスピ海の近くを旅し、そこで食べたサラダをヒントに、このメニューが生まれました。
さっぱりとした中にも、深い味わいが楽しめます。

材料（2人分）

トマト ••• 中1個
キュウリ ••• 1本
パクチー ••• 適量（お好みで）
ニンニク ••• 1片
［ドレッシング］
塩 ••• 適量
黒酢 ••• 大さじ2
オリーブオイル ••• 大さじ1
白ゴマ ••• 適量

作り方

1 トマトとキュウリを5～10mm角に切ります。そこに、みじん切りにしたパクチーとニンニクを加えて混ぜます。
2 ドレッシングを分量通りに作り、1にあえればできあがり。

\one point/

カスピ海とはロシア、カザフスタン、トルクメニスタン、イランなどに囲まれた世界最大の湖（塩湖）です。

パクチーサラダ

ズバリ、パクチーの名を冠したサラダ。
パクチー好きによる、パクチー好きのための一品です。

材料（2人分）

レタス ••• 40g
水菜 ••• 20g
ベビーリーフ ••• 20g
人参 ••• 10g
紫キャベツ ••• 5g
ワンタン ••• 2枚
パクチー ••• 30g

［ドレッシング］
粒マスタード ••• 5g
酢 ••• 40mℓ
オリーブオイル ••• 50mℓ
パク塩※ ••• 2g

※乾燥させたパクチーを粉末にし、塩と混ぜて作ります。

作り方

1 葉野菜を食べやすい大きさに切ります。
2 人参と紫キャベツをせん切りにします。
3 ワンタンをせん切りにして、180℃の油でキツネ色になるまで揚げます。
4 野菜の上にパクチー、3を盛り付け、ドレッシングの材料を混ぜ合わせてかけます。
5 コショウ、パルメザンチーズ（分量外）を少々かけたら完成です。

キムパク

パクチーを丸ごとキムチの素に漬けるだけ。
葉、茎、根という、部位ごとの味の違いをお楽しみください。

材料（2人分）

パクチー ••• 3束
塩 ••• パクチーの重量の1/10
キムチの素 ••• 30g

作り方

1 パクチーは根が付いたまま土を洗い流し、塩もみをして1時間置きます。
2 塩を水で洗い流します。
3 水をふきとったらキムチの素をもみ込み、一晩寝かせたらできあがり。

\ one point /

刻んで納豆に入れてもおいしいです。
ぜひ他にも、いろいろと試してみてください。

パクソース

パクチーに松の実やオリーブオイルを加えた、香り豊かなソース。
ジェノベーゼソースのように、オールマイティーに使えます。

材料（一瓶分）

パクチー ••• 300g
松の実 ••• 15g
ニンニク ••• 2片
オリーブオイル ••• 120mℓ
塩 ••• 10g
コショウ ••• 5g

作り方

1 松の実をフライパンで軽く炒ります。表面が茶色くなる程度が目安です。
2 パクチー、塩、コショウ、ニンニク、1をフードプロセッサーにかけます。
3 オリーブオイルを加えて、よく混ぜたら完成です。

\ one point /

清潔なビンに入れておけば、冷蔵庫で数週間保存ができます。常備しておくと、とても便利です。

パクチーの世界での呼び名について

「パクチーは苦手だけど、コリアンダーなら大丈夫」――パクチーにどっぷり関わるようになって約7年半、こういう不思議なことを言う人に何人も会ったことがあります。
「パクチー」はタイ語で、英語に訳すと「コリアンダー」。二者は同じものを指すのですが！

そんなとき、「パクチーとコリアンダーは同じものですよ」と言うと、皆一様に驚きます。他のどの食材にも言えると思いますが、特にパクチーは、組み合わせる食材や調理の仕方で印象が変わるからでしょう。
また、パクチーは一般的にそれほど頻繁に食されるものではなく、その存在自体がよく知られていないことも、呼び名により混同される理由かもしれません。

世界の呼び名

タイ語	パクチー	アラビア語	クズバラ
中国語	シャンツァイ	ジャワ語	トゥンバル
英語	コリアンダー	タガログ語	ウンスェイ
スペイン語	シラントロ	ベトナム語	ザウムイ
ポルトガル語	コエントロ	世界共通語	paxi

パクチーの和名は一応、「コエンドロ」ということになっています。ポルトガル語由来の学名がそのまま放置されているのでしょう。でも、パクチーを「コエンドロ」と呼んでいる日本人に僕は会ったことがありません。

「日本パクチー狂会」を作るとき、多くの人に広めるためにネーミングをいろいろ考えました。
「香菜」「コリアンダー」「シラントロ」など、統一されていない日本での呼び名の中で、どれがいいのかなと悩み、どれも同じものを指すのに言葉の印象が違うのも面白いと思いました。
そして聞き込み調査の結果、「パクチー」の呼び名で忌み嫌われている場合が最も多いと分かりました（もちろんその反面、愛してやまない人もいます）。

パクチーという呼び方は、国で言うとインドみたいな存在です。
インド周辺にあるパキスタンやバングラデシュ、スリランカといった国とインドの違いを、明確に言える人は結構少ないと思います。でも、インドについては「好きな人と嫌いな人がハッキリと分かれる」と声高に言う人が多いせいか、「いつか一度は訪れたいエキゾチックでミステリアスな国」というブランディングができています。

僕は人々の「パクチー」という単語に対する反応を見て、単なる草の呼び名に留まらず、ある意味“メディア”的な存在にまで高められると確信し、日本でも「パクチー」と呼ぼうと決めました。

そして、日本パクチー狂会のウェブサイトのドメイン名を取得するため、パクチーのスペルを調べました。タイ語の「パクチー」をアルファベットにすると「phakchi」。このスペルでもドメインを取得することができたのですが、あとワンクリックでドメインの購入が完了するというそのとき、これはちょっと難しすぎるなと思い、考え直しました。

それから約２週間、時間を見つけてはパクチーの新しいスペルを考え、書きまくりました。その結果、最終的に決めたのが“paxi”でした。

「pax」はラテン語で「平和」を意味します。これに「ｉ」（頭と胴体を表す象形文字のイメージ。「旅人」の意味を込めて）を付け加えることで「パクチー」と読んでもらうことにしたのです。

僕のテーマである「旅と平和」（詳しくは、87ページ「パクチーハウス東京のコンセプト」参照）にパクチーを絡めることができました。世界中で食べられているある一つの草の呼び名が、こんな壮大な意味を持っていたら面白いだろうなとワクワクしました。

そして何の因果か、このスペルを考案した２年半後、パクチー料理専門店を自ら開くことになったのです。パクチーに特化したクレイジーさを面白がる人がいてくださったお陰で、東京の片隅にある小さな飲食店が、世界の目に触れることにもなりました。

僕は日本でこの草のことを「パクチー」と呼ぶことを提案しています。そして共通語として、世界中で「paxi（パクチー）」と呼んでもらえるように全力を尽くしたいと思っています。

パクチーで世界を変える――これが本当の草の根活動です。

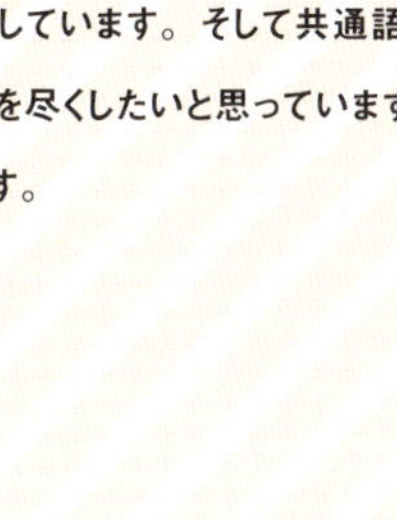

パクソースのパスタ

パクソースをたっぷり使った、味わい深い絶品パスタ。
口の中に、パクチーの香りがふわっと広がります。

材料（2人分）

パスタ ••• 180g
パクソース※ ••• 80g
パスタのゆで汁 ••• 180mℓ
塩 ••• 適量
オリーブオイル ••• 適量
パクチー ••• 少々
パルメザンチーズ ••• 少々
コショウ ••• 少々

※パクソースのレシピはP.29を参照。

作り方

1 パスタをパッケージの茹で時間に合わせてゆでましょう。
2 フライパンにパクソースを入れて、パスタのゆで汁を加えてのばします。
3 茹で上がったパスタを2に入れてからめます。塩とオリーブオイルで味を調えましょう。
4 仕上げにパクチーのみじん切りをのせて、パルメザンチーズとコショウをかけたら完成です。

＼one point／

ペンネやマカロニのような他のパスタはもちろん、
他の麺類でもアレンジが可能です。

パク冷麺

ちょっと辛くて酸っぱい、冷たいスープがおいしい。
夏にこそ食べたい麺メニューです。

材料（2人分）

パクチー麺 ••• 2束
パクチー ••• 大量
お好みのトッピング（生野菜・温泉玉子・そぼろ肉など）
[スープ]
鶏ガラスープ ••• 400mℓ
しょうゆ ••• 大さじ4
ヌクチャム ••• 大さじ4
レモン汁 ••• 大さじ4
酢 ••• 大さじ2
砂糖 ••• 小さじ6
しょうが（すりおろし） ••• 少々

作り方

1 スープは材料をすべてよく混ぜ、冷やしておきます。
2 パクチー麺を7分ゆで、冷水で締めます。
3 器にパクチー麺を盛り、上にトッピングと刻んだパクチーを盛り付けます。
4 よく冷えたスープをかけ、お好みで氷をのせたら完成です。

＼one point／

ここではアジア系のスープにしましたが、
ゴマ油系の中華のスープや和風のスープなどにしてもおいしいです。

「みんなで作るパクチー料理」
佐谷恭＆パクチーハウス東京・著（スモール出版より発売中!）

ほおばるサラダ 生春巻

パクチー好き限定レシピ！

皮のやわらかい食感の後に、シャキッとした野菜の歯ごたえ。
まさに、ほおばるサラダです。

材料（2本）

サニーレタス ••• 2枚	むきエビ ••• 4匹
水菜 ••• ¼束	ライスペーパー ••• 2枚
細ねぎ ••• 1本	パクチー ••• 適量（お好みで）

作り方

1 野菜を15cmほどに切りそろえます。むきエビはゆでて冷ましておきます。
2 ライスペーパーを水で湿らせて、もどしましょう。その上に野菜を並べて、端から巻いていきます。
3 半分ぐらいまで巻いたところで、両端を折り込みます。
4 パクチーとむきエビをのせて仕上げたら、2つにカットします。

＼one point／

つけダレはお好みでどうぞ！
ちなみにパクチーハウスでは、島唐辛子を漬け込んだオリジナル辛醤油でいただきます。

東京都世田谷区経堂にあるパクチー料理専門店・パクチーハウス東京が、ご家庭で作れるパクチーをふんだんに使ったレシピを伝授。パクチー好きのあなたに贈る、パクチーお料理ブックです。上記のメニューの他にも、「パク天」「ヤンパク」「ラグマン鍋」など計44メニューを掲載！

『みんなで作るパクチー料理』
佐谷恭＆パクチーハウス東京・著
定価1500円＋税
全国書店、ネット書店にて発売中
A5判並製／フルカラー／96ページ
ISBN　978-4-905158-08-0
スモール出版（株式会社スモールライト）

スモール出版
http://www.small-light.com/books/
paxi house tokyo
http://paxihouse.com/

海老パク麺

エビを練り込んだ味付け細麺。
その風味とパクチーの相性は抜群!

材料 (2人分)

エビ麺 ••• 1玉
ニンニク ••• ½片
ラム肉(薄切りか焼肉用) ••• 60g
パクチー ••• 20g
お好みの野菜 ••• 40g
フライドオニオン ••• 少々
油 ••• 大さじ1
塩、コショウ ••• 適宜
鶏ガラスープ ••• 45mℓ
オイスターソース ••• 大さじ2
砂糖 ••• 少々

作り方

1 フライパンに油をひき、みじん切りにしたニンニクを香りが出るまで炒めます。
2 ラム肉を入れ、塩コショウをします。
3 鶏ガラスープ、オイスターソース、砂糖を入れます。
4 ゆでた麺を加えて、強火で炒めましょう。
5 汁気がなくなってきたら、食べやすく切ったパクチーと人参などの野菜を加えて、さっと炒めたら完成です。お好みで、フライドオニオンをかけていただきます。

\one point/

ラムの代わりに、海老やシーフードミックスなど
海鮮系の具材を入れるのもオススメです。

【既刊情報】

『大人が楽しい
紙ペンゲーム30選』
すごろくや・著

四六判並製
フルカラー／96ページ
ISBN978-4-905158-07-3
定価1,400円（税抜）
発売中

すごろくや
SUGOROKUYA
http://sugorokuya.jp/

本書はボードゲームの専門店・すごろくやが、紙とペンなど、身の回りのものだけで楽しめるゲーム（=紙ペンゲーム）の中から、秀逸な30タイトルを厳選し、その遊び方を解説したハンドブックです。「古今南北」や「フラッシュ」「たほいや」「ベリシ・ネ・ベリシ」など、広く知られていないのがもったいない、大人でこそ遊ぶと楽しい傑作の“紙ペンゲーム”を、丁寧にわかりやすく紹介しています。

自宅・学校・飲食店・テーマパークの待ち時間・催事・パーティーで、友達・グループ・家族・親戚など、人が集まる場所ならいつでもどこでも、この本が大活躍すること間違いなし！　旅行や合宿、宴会のお供など、使い方はいろいろです。

【スモール出版 編集部より】

スモール出版は、これからも個性的な本を作っていく所存です。現在動いている企画は、推理小説を読んでジグソーパズルを組み立てると、そこには驚愕の結末が描かれているという短編ミステリー付きのジグソーパズル、ある超人気ゲームイベントのオフィシャルブック、プロデューサーやエディターの切り口で語る80年代12インチ Remix のディスクガイド、そしてボードゲーム好きがディープに楽しむための本などを鋭意制作中です。

スモール出版の投げる「出版界の変化球」に、どうぞご注目ください。

スモール出版　http://www.small-light.com/books/

スモール出版 ミニ情報（第2号・2012年11月）　発行／スモール出版（株式会社スモールライト）

道具なし

プレイ人数	4〜12人
対象年齢	5才〜大人
所要時間	約5分

カウント・イン・ザ・ダーク

ゲームの概要

全員、何も見えない状態で、空気を読んでかぶらずに1から16を順番に言えるかどうかに挑戦する協力型ゲームです。

すごろくや
コメント

16まで数えるだけなんてと侮るなかれ。沈黙の中、言わなきゃと思う心理的なタイミングはかぶってしまうため、一筋縄ではいきません。うまくいったときには拍手したくなるような連帯感が生まれていることでしょう。
元は日本の演劇系の方が空気を読む訓練として作られたようで、東京の暗闇体験施設『ダイアログ・イン・ザ・ダーク』にて、視覚を遮断して行なうこの応用が考案されました。

ゲームの準備

お互いの声が聞こえる位置に集まります。

遊び方

❶：全員で目を閉じます。適当に思いついた人から「1！」を言います。以降、思い付いた人が「2！」「3！」と続けます。同じ人が続けて言ってはいけません。

❷：複数の人が声を重ねてしまったら、1からやりなおしです。

ゲームの終了

16まで言えたら見事成功です。

応用ルール

カウントする数を上げれば難易度が上がります。
もしカウントする数と同じ人数（10までのカウントなら10人）以上で遊ぶときには「発言は1人1回だけ縛り」も試してみてください。

『大人が楽しい紙ペンゲーム30選』すごろくや・著（スモール出版）より、道具のいらない、今すぐ楽しめるゲームを1つだけ紹介いたします。楽しかったというあなた！まだまだオススメのゲームがたくさん載っているので、ぜひ書店でお手にとってみてください。

パクバインミー

ベトナムのファストフードとも言われるサンドイッチ。
パクチーをたくさんはさんで、あなた好みのバインミーに。

材料（1個分）

バゲット ••• 15cm程度
生野菜(レタス、キュウリ、トマトなど) ••• 適量
パクチー ••• 適量(お好みで)
レバーペースト ••• 大さじ3
ニョクマム ••• 少々

作り方

1 バゲットに切り込みを入れます。
2 その切り込みに、生野菜と刻んだパクチーをお好みで入れましょう。
3 レバーペーストもはさみ、具にニョクマムをかけたら完成です。

＼one point／

レバーペーストがない場合は、
ハムや魚肉ソーセージなどを使っても、おいしくいただけます。

チェロケバブ

見た目は白いご飯ですが、食べてビックリ!
中には、ボリュームたっぷりのラム肉とトマトが入っています。

材料（2人分）

米（あればタイの香り米、またはバスマティライス）••• 2合
ラム肉（薄切りか焼肉用）••• 160g
ニンニク ••• ½個
パクチー ••• 適量（お好みで）
油 ••• 適量
塩 ••• 適量
コショウ ••• 適量
［ミックススパイス］
クミンシード ••• 3g
パクチーの種（ひいたもの）••• 3g
コショウ ••• 1g
チリパウダー ••• 1.5g
岩塩 ••• 1.5g
乾燥パクチー ••• 0.5g

作り方

1 米を研いで、炊きます。
2 フライパンに油をひき、ニンニク、ミックススパイスとともにラム肉を炒めたら、塩とコショウで味つけをします。
3 ラム肉をお皿に盛り付け、その上に刻んだパクチーをお好みの量のせます。その上にご飯を盛り付けます。全部の具が見えなくなるように形を整えたら、パクチーをのせて完成です。

＼one point／
ご飯を炊くとき、バターやスープストックを入れると、
さらにおいしくなります。

パクライス

簡単！ 混ぜるだけ！
パクチーの香り豊かな、ジャスミンライスの炊き込みご飯です。

材料（2人分）

ジャスミンライス ••• 1合
鶏ガラスープ ••• 適量（通常の炊飯時に入れる水より若干少なめ）
パクチーの種（ひいたもの） ••• 小さじ½
コショウ ••• 小さじ½
ゴマ油 ••• 少々
パクチー ••• 小さじ2
細ねぎ ••• 小さじ3
パク塩※ ••• 少々

※乾燥させたパクチーを粉末にし、塩と混ぜて作ります。

作り方

1 ジャスミンライスを鶏ガラスープで炊きます。
2 熱々のご飯を盛り、パクチーの種とコショウ、ゴマ油、パク塩を加えて、よく混ぜ合わせます。このとき、お米が潰れないようにしましょう。
3 2に、ざく切りのパクチーとみじん切りの細ねぎを混ぜればできあがり。

＼one point／

パクソース（P.29参照）やチリソースを、お好みで入れて混ぜると、
また違った味わいが生まれます。

タイ風酸っパクスープ

タイ料理のトムヤムクンにインスパイアされて作ったスープ。
辛味と酸味が、絶妙なバランスでからみ合います。

材料（2人分）

プリッキーヌ ••• 1個
鶏ガラスープ ••• 300mℓ
トムヤムペースト ••• 大さじ1
ナンプラー ••• 大さじ2
エビ ••• 適量
しめじ ••• ½パック
バイマックル ••• 1枚
レモングラス（薄切り） ••• 1つまみ
牛乳 ••• 60mℓ
パクチー ••• 適量（お好みで）
レモン汁 ••• 大さじ2

作り方

1 プリッキーヌを縦半分に切ります。
2 鶏ガラスープにトムヤムペーストとナンプラーを入れ沸騰させます。その後、エビ、しめじ、バイマックル、レモングラス、プリッキーヌを加えます。
3 牛乳を入れたら、煮立つ前に火を止めます。
1 スープを器に盛り付けたら、お好みの量のパクチーをのせ、レモン汁を加えれば完成です。

＼one point／

ご飯を加えて「酸っパク飯」、
麺を加えれば「酸っパク麺」としても楽しめます。

根っこのきんぴら

火を通しても香り高いのが、パクチーの根っこ。
素材の風味が引き立つ、パクチー好きのためのきんぴらです。

材料（2人分）

人参 ••• 100g
蓮根 ••• 100g
パクチーの根っこ ••• 50g
ゴマ油 ••• 大さじ1
砂糖 ••• 大さじ1.5
酒 ••• 20mℓ
みりん ••• 20mℓ
濃い口醤油 ••• 30mℓ
白ゴマ ••• 少々
鰹節 ••• 適量
パクチー ••• 適量

作り方

1 人参を一口大の短冊切り、蓮根をいちょう切りにします。
2 フライパンにゴマ油をひいたら、中火でパクチーの根っこ、蓮根、人参の順で炒めます。
3 野菜の7割ほどに火が通ったら、砂糖、酒、みりんの順に鍋へ入れ、強火で焦がさないように炒めます。
4 汁が少なくなったら濃い口醤油を加え、かき混ぜながら中火で味を染み込みませます。
5 最後に強火で一気に煮汁を詰めます。白ゴマと鰹節を加え、香りを引き立てましょう。焦げ付きやすいので、混ぜるスピートが大事です。
6 皿に盛り、パクチーを飾ったら完成です。

＼one point／

野菜の厚さを均一に切ると、味の染み具合と
火の通りが均等になるため、食感と味が良くなります。

トムヤム砂肝

前菜、つまみ、そしてご飯のお供にもなってしまう逸品。
その独特な食感も、一度食べたらクセになります。

材料（2人分）

鶏の砂肝 ••• 80g
長ネギ（白い部分） ••• 5cm
トムヤムペースト ••• 20g
ナンプラー ••• 小さじ1
レモン汁 ••• 少々
パクチー ••• 15g

A
しょうが ••• 1片
唐辛子 ••• 1本
長ネギ（青い部分） ••• 5cm
酒 ••• 大さじ1
塩 ••• 小さじ1

作り方

1. Aに砂肝を入れて強火にかけ、沸騰したら、中火で10分ゆでます。
2. ザルにあげ、そのまま冷ましましょう。
3. 長ネギ（白い部分）の斜め薄切りを、トムヤムペースト、ナンプラー、レモン汁であえます。
4. 刻んだパクチーを盛り付けて、3をのせたらできあがりです。

パクチーシャーベット

パクチーと白ワインのシャーベット。
さわやかな風味が口の中を、ひんやりとかけぬけます。

材料（2人分）

パクチー ••• 5g

A

三温糖 ••• 25g
白ワイン ••• 30mℓ
水 ••• 20mℓ

B

レモン汁 ••• 大さじ2
水 ••• 80mℓ

作り方

1 Aを合わせ、火にかけて沸騰させアルコールを飛ばします（10秒ぐらい）。
2 冷凍できる容器にBを入れ、Aを加え混ぜて、一日凍らせましょう。
3 みじん切りにしたパクチーを混ぜ、なめらかになるまでフードプロセッサーにかけます。
4 容器に戻して、半日凍らせたら完成です。

パク種のフルーツビネガー

疲労回復にも効果のある健康ドリンク。
パクチーの隠し味がきいた果実酢です。

材料（一瓶分）

お好みのフルーツ ••• 適量
氷砂糖 ••• 適量
酢 ••• 適量
パクチーの種 ••• 適量

作り方

1 お好みのフルーツ、氷砂糖、酢を1：1：1で漬け込み、パクチーの種を入れます。
2 氷砂糖が溶けたら、できあがりのサインです。
3 お好みの濃さで、水やソーダで割ってお召し上がりください。

\ one point /

季節に合わせて、お好きなフルーツをお使いください。
オススメはイチジクやイチゴなどです。

世界初のパクチー料理専門店
paxi house tokyo
東京都世田谷区経堂1-25-18-2F
Tel: 03-6310-0355
http://paxihouse.com/

パクチーの
パクチーによる
パクチー好きのための
スゴイ麺
通信販売でどうぞ！
http://paxi.mn
パクチー麺
検索
The paxi men
パクチー麺
ゆで汁(パク湯)までうまい
パクチー麺をどうぞ！

パクチーもヒートアップ!

モヒートを大胆にアレンジしたパクテル。
もちろんミントではなく、パクチーがベースです。

材料（1杯分）

ラム酒 ••• 45mℓ
パクチー ••• 15g
砂糖 ••• 5g
レモン汁 ••• 大さじ1
ソーダ ••• 200mℓ

作り方

1 材料すべてをグラスに入れて、潰します。
2 ソーダで割って、いただきます。

\one point/

さっぱりとさわやかで飲みやすいので、
飲み過ぎにはご注意を(笑)。

見知らぬ他人と囲む鍋

パクチーハウス東京は相席を推奨し、実行しています。同じテーブルに座ることで、たまたまの縁を大切にして仲良くなってくれれば嬉しいと思っているからです。

相席したお客さん同士が仲良く話をするというのは、パクチーハウス東京では至極当たり前の光景となっていて、「一口どうですか」などと食べているものをシェアする例も増えてきています。その様子を見つめるとき、店主として、僕の心はとても熱く燃えています。

相席の発想をさらに進めたものが“見知らぬ他人と囲む鍋”という企画です。知らない人とたまたまテーブルをシェアするだけでなく、初めから鍋を分け合うことを前提としています。パクチーハウス東京は普通のレストランに留まるつもりはありません。この企画は、せっかくなら他人との時間を楽しむつもりで来てほしいという強いメッセージでもあるのです。

初めてこれを開催したのは、1周年記念パーティーシリーズの「前夜祭」としてでした。新しい鍋メニューの発表会的な要素を加えつつ、楽しんでもらったのです。その後は周年イベントの一部やバレンタイン企画として、不定期で続けています。カップルで楽しめそうな日にこのイベントを当てることも多いのですが、他人から見た客観的な相手の姿が分かるためか、カップルは一人ひとり別の席に座らせられても嬉々として楽しんでくれているようです。

パクチーハウス東京の予約制メニューに「ラグマン鍋」というものがあり、これは4人以上でしか予約できません。その理由は「鍋は大人数でわいわい食べてほしい」からです。

おひとりさまをいかに受け入れるかが飲食業の課題だと、数年前に識者がおっしゃっていましたが、僕は一人で来た人に壁に向かった席を用意し、早く帰らせて売り上げを求める考え方には反対です。一人で来た人が、帰りには数人になっていたら面白いと思うのです。

とにかく、鍋を食べるときは盛り上がってほしい。だから、「3人だけど4人前払うからラグマン鍋を」とおっしゃる方もいるけれどお断りします。お金の問題じゃないのです。メンバーの一人が急用で来られなくなった場合は、「誰か一人探して来て下さいね」と伝えます。この「4人以上」という縛りにより、友人同士であっても予想外のコミュニケーションにつながることもあります。

ある日の面白いエピソードを紹介しましょう。スタッフから「4人集めて下さい」と言われて声をかけまくったけれど、パクチーハウス東京の前に来るまで4人目が見つからなかったグループがありました。彼らは「どうしよう」と思いながらも店につながるエレベーターに乗り、そこに居合わせた見知らぬ人に声をかけました。「一緒に鍋しませんか?」。初対面のその人は、パクチーハウス東京でパクチー嫌いを克服したばかりで、その日はたまたま一人で“来パク”していました。結果的に、みんなで楽しすぎる夕食の時間を過ごしたといいます。

パクチー好きの友達が見つからなくて、鍋を注文できない。そう嘆く必要はありません。いつやりたいか店に伝えていただければ、その日に来られる人をこちらで募集します。“見知らぬ他人と囲む鍋”は店の企画から始まりましたが、今ではお客様自身が仕掛けていくこともできるのです。

第2章

パクチー×日本全国名産品 コラボレシピ

日本の食材とパクチーが合うわけがない……
そう思われている方も、多いのではないでしょうか?
そこでパクチーハウス東京は、
日本全国名産品を使ったレシピをご提案いたします。
世界中で食べられているパクチーは、和食とも相性ピッタリなんです。

パク昆布茶漬け(利尻昆布)
パクコロ(インカのめざめ)
イカパクぽんぽん(イカ)
カッテージチーズとがっこのパク塩麹和え(いぶりがっこ)
豚のパクチー生姜焼き(TOKYO X)
パクチー味噌で食べるふろふき大根(練馬大根)
パクおにぎり(コシヒカリ)
イチジクパクチージャム(イチジク)
パクりん茶(静岡茶)
パクチー味噌田楽(コンニャク)
パク醤油で食べる生湯葉(湯葉)
京野菜のパクチーディップ(京野菜)
カツオのカルパクチョ(カツオ)
ジンジャーエール89(しょうが)
シジミのパク醤油漬け(シジミ)
パクトロロ(長芋)
じとっこのパクチーオイル漬け焼き(みやざき地頭鶏)
いちごパクリームパフェ(博多あまおう)
パクチー豆腐のスクガラスのせ(スクガラス)
チラガーの麻辣和え(チラガー)

パクチー×日本全国名産品コラボレシピとは？

日本ではポピュラーな存在ではないため、特別な食材のように思われてしまうパクチーですが、実はそんなことはありません。その思い込みさえ頭から取ってしまえば、他の食材と同様、いろいろな料理と合うことが分かります。そこで今回、パクチーの可能性とさらなる魅力をみなさんに知ってもらうため、我々にとって一番身近な日本全国の名産品とのコラボを考えてみました。各地の素材とパクチーの組み合わせの意外性、そしてそのおいしさをぜひ実感してみてください。各地でとれる特産品は、もちろんスーパーなどで手に入るものでも代用できます。どうぞお気軽にお試しください。

近畿

●パク醤油で食べる生湯葉（湯葉）
●京野菜のパクチーディップ（京野菜）

四国

●カツオのカルパクチョ（カツオ）
●ジンジャーエール 89（しょうが）

九州

●じとっこのパクチーオイル漬け焼き（みやざき地頭鶏）
●いちごパクリームパフェ（博多あまおう）

中国

●シジミのパク醤油漬け（シジミ）
●パクトロロ（長芋）

北海道

- パク昆布茶漬け（利尻昆布）
- パクコロ（インカのめざめ）

東北

- イカパクぽんぽん（イカ）
- カッテージチーズとがっこの
  パク塩麹和え（いぶりがっこ）

北陸

- パクおにぎり（コシヒカリ）
- イチジクパクチージャム（イチジク）

関東

- 豚のパクチー生姜焼き（TOKYO X）
- パクチー味噌で食べるふろふき大根（練馬大根）

中部

- パクりん茶（静岡茶）
- パクチー味噌田楽（コンニャク）

沖縄

- パクチー豆腐のスクガラスのせ（スクガラス）
- チラガーの麻辣和え（チラガー）

北海道 パク昆布茶漬け（利尻昆布）

昆布とパクチーの香りのコラボレーション。
湯気とともに立ち昇る芳香が、食欲をそそります。

材料（2人分）

昆布（利尻昆布）••• 4～5cm
水 ••• 300㎖
ご飯 ••• 1合
とろろ昆布 ••• 適量
パクチー ••• 適量
わさび ••• 適量
塩 ••• 適量
醤油 ••• 適量

作り方

1 昆布の表面を軽くふきんでふき、水からだしをとります。
2 一つまみ程度の塩と醤油を入れ、薄めの汁を作りましょう。
3 ご飯を小さな器に入れ形を整えたら、2をそそぎます。
4 その上に、とろろ昆布とパクチーをのせたらできあがり。わさびはお好みでどうぞ。

＼one point／

昆布とパクチーは、ここでは香りを楽しむために使います。
量を入れすぎないように注意しましょう。

北海道

パクコロ（インカのめざめ）

甘みが強く、粘着力のある個性的なジャガイモとパクチーの共演。
揚げたての熱々のうちにどうぞ!

材料（2人分）

ジャガイモ（インカのめざめ）••• 約30g
牛乳 ••• 30mℓ
玉ねぎ ••• ¼個
人参 ••• ¼本
パクチー ••• 20g
チーズ ••• 適量
薄力粉 ••• 50g
卵 ••• 1個
パン粉 ••• 50g
パクチーの種（ひいたもの）••• 10g
塩、コショウ ••• 少々
揚げ油 ••• 適量

作り方

1 ジャガイモをゆでてボウルの中でマッシュしたら、牛乳を入れてなめらかにします。
2 玉ねぎと人参をみじん切りにしてから炒めます。
3 2を1のボウルに移したら、みじん切りのパクチーを混ぜ、塩コショウを振りましょう。
4 真ん中にチーズを入れて丸め、形を整えます。
5 薄力粉、卵、パン粉（ひいたパクチーの種を混ぜ合わせたもの）の順番で4にまぶします。
6 180℃の油で揚げたら、できあがり。

＼one point／

男爵イモやメークインだと、また違った味が楽しめます。
ぜひ他のジャガイモでもお試しください。

東北 イカパクぽんぽん（イカ）

魚介の食材に、パクチーはとても活きるんです。
苦みのきいた大人な味をご堪能あれ。

材料（2人分）

スルメイカ ••• 1杯
しょうが ••• 10g
玉ねぎ ••• ¼個
パクチー ••• 30g
油 ••• 適量
味噌 ••• 大さじ2
醤油、酒、みりん
••• 各大さじ1
すだち ••• 1個

作り方

1 スルメイカをさばき、ワタと足を分けておきます。
2 フライパンに油を熱し、しょうがとイカのワタ、イカの足、玉ねぎとパクチーをみじん切りにして炒めます。
3 味噌、醤油、酒、みりんを入れて味をなじませたら、あら熱を取ります。
4 イカの胴に炒めた具材を入れ、楊枝でとめましょう。
5 4をアルミホイルに包み込み、魚焼きグリルで焼きます。
6 「ポンポンポン……」と音が聞こえたら、できあがり。お好みの大きさに切り、すだちを添えてどうぞ。

東北

カッテージチーズとがっこのパク塩麹和え（いぶりがっこ）

カッテージチーズのわずかな酸味と、パクチーのさわやかな風味が、秋田名産の漬け物とベストマッチ。

材料（2人分）

いぶりがっこ ••• 3～4cm
大葉 ••• 2枚
パクチー ••• 適量
塩麹 ••• 大さじ½
カッテージチーズ ••• 50g

作り方

1 いぶりがっこと大葉はせん切り、パクチーはみじん切りにします。
2 はじめに塩麹とチーズを混ぜ、その後残りをすべてあえたら完成です。

＼one point／

いぶりがっこは塩分が高いので、味をみてから塩、コショウで調節してください。

関東 豚のパクチー生姜焼き（TOKYO X）

食卓の定番・豚肉の生姜焼き。ついついご飯がすすみます。
丼にアレンジしても、おいしい一品です。

材料（2人分）

豚肩ロース肉（TOKYO X）••• 150g（約6枚）
油 ••• 適量
パクチーの種（ひいたもの）••• 適量

A
- 醤油 ••• 大さじ3
- みりん ••• 大さじ2
- パクチーの根っこ（すりおろしたもの）••• 大さじ1
- おろし生姜 ••• 大さじ1
- 酒 ••• 大さじ1
- 砂糖 ••• 小さじ2

作り方

1. Aを混ぜ合わせて、漬けダレを作ります。
2. 豚肉を1に漬けて、20分ほど寝かせましょう。
3. 豚肉を引き上げ、油をひいたフライパンで1枚ずつ焼きます。
4. パクチーの種をミルでひいて、かけたら完成です。

＼one point／

漬けダレのパクチーの根っこの量を増やすと、
よりパクチー感が増します。

関東

パクチー味噌で食べる ふろふき大根（練馬大根）

ふろふき大根に大胆なアクセント。
パクチーの可能性を、改めて感じる一品です。

材料（2人分）

大根（練馬大根）••• 200g
だし昆布 ••• 10cm角
パクチーの根っこ ••• 20g
醤油 ••• 大さじ2
［パクチー味噌］
白味噌 ••• 大さじ3
パクチーペースト※ ••• 大さじ2
酒 ••• 大さじ1
みりん ••• 大さじ1
砂糖 ••• 小さじ2
薄口醤油 ••• 小さじ1

※パクチーペーストの作り方

1 パクチー（50g）を沸騰したお湯に入れ、さっと10秒ほどゆでたら、すぐに冷水にとります。
2 完全に冷めたら、きつく絞ってから粗みじん切りにしましょう。
3 ゆでたパクチー、水（20㎖）、塩（小さじ1）、松の実（10g）を入れ、形がなくなるまでフードプロセッサーにかけます。
4 できたら清潔な容器に入れて、冷蔵庫で保存します。

作り方

1 大きめの厚手の鍋に水を入れ、だし昆布でだしをとります。
2 大根を4～5cmの厚さの輪切りにし、皮をむきます。面取り（切り口の角を削るように切り取る）をしておくと、煮くずれしにくくなります。
3 昆布の上にパクチーの根っこと醤油を入れ、2を並べて火にかけます。沸騰する直前に昆布を取り出し、あとはそのまま大根が柔らかくなるまで煮込みます。
4 小鍋にパクチー味噌の材料を入れ、木べらで炒るようにして煮ます。
5 煮込んだ大根の上に、パクチー（分量外）をのせ、パクチー味噌をかけていただきます。

＼one point／

パクチー味噌は、おでんなどにつけて食べても驚きのうまさです。

北陸 パクおにぎり（コシヒカリ）

パクチーの根っこを入れるだけで、お米の粒に香りが行き渡ります。
たくさん握って、みんなでパクパク食べましょう！

材料（4人分）

米（コシヒカリ）••• 3合
人参 ••• ½本
昆布 ••• 適量
えのきだけ ••• ½パック
水 ••• 500mℓ
ツナ缶 ••• 1缶
パクチーの根っこ ••• 1束分
炒りゴマ ••• 適量
パクチー ••• 30g
醤油 ••• 50mℓ
塩、コショウ ••• 適量

作り方

1. 米を研いで、人参はせん切り、昆布とえのきだけを一口大に切り、水と一緒に炊飯器に入れます。
2. さらに醤油、塩、コショウ、ツナ缶を汁ごと入れて軽く混ぜます。
3. パクチーの根っこをキッチンペーパーでくるみ、上にのせたらスイッチオン！
4. 炊きあがったら、炒りゴマとざく切りのパクチーを入れ、すくい上げるようにして混ぜます。
5. お好きな形に握ったら、できあがりです。

＼one point／

炊飯器で失敗しにくい分量で作っているため、
量が多めです。しっかり食べてネ。

北陸 イチジクパクチージャム（イチジク）

ジャムにパクチーの葉っぱ!? と思いきや、
これが絶妙なさわやかさを生み出します。

材料（一瓶分）

イチジク ••• 500g
砂糖 ••• 100g
パクチーの葉 ••• 20g
パクチーの種 ••• 適宜（お好みで）
レモン汁 ••• 大さじ2

作り方

1 皮をむいたイチジクを、ざく切りにします。
2 砂糖を振って水分が出てきたら厚手の鍋に入れ、大きめのみじん切りにしたパクチーの葉と種を加えて、弱火で煮込みます。
3 ヘラでつぶしながら、焦がさないようにペースト状になるまで20分ぐらい煮ましょう。できあがる直前にレモン汁を入れます。
4 そのまま冷ましたら完成です。

＼one point／
他の季節のフルーツでも、ぜひお試しください。

中部 パクリん茶（静岡茶）

ビックリするほどに香る、パクチーの芳香!
根っこの甘い味が、緑茶にアクセントを加えます。

材料（2人分）

茶葉(静岡茶) ••• 6g
パクチーの根っこ ••• 3個
湯 ••• 適量

作り方

1 ポットに、茶葉とパクチーの根っこを入れます。
2 あとは普通にお湯を注ぐだけ！

＼one point／

このパクチーの根っこは、ぜひかじってみてください！

中部 パクチー味噌田楽（コンニャク）

地味に思われるコンニャクに、鮮やかな緑色が映える!
食卓に華やかな彩りと香りを添える、パクチーが活きる日本料理です。

材料（2人分）

コンニャク ••• 200g
鶏ガラスープ ••• 80㎖
醤油 ••• 大さじ1
砂糖 ••• 大さじ1
みりん ••• 大さじ1
パクチーの種（ひいたもの） ••• 適量

［パクチー味噌］
白味噌 ••• 大さじ3
パクチーペースト※ ••• 大さじ2
酒 ••• 大さじ1
みりん ••• 大さじ1
砂糖 ••• 小さじ2
薄口醤油 ••• 小さじ1

※パクチーペーストのレシピはP.65を参照。

作り方

1 コンニャクを下茹でしてアクを抜き、幅7cm、厚さ1cmの長方形に切りましょう。
2 鍋に1、鶏ガラスープ、調味料を入れ、コトコトと煮込みます。
3 手鍋にパクチー味噌の材料を入れ、木べらで炒るようにして煮ます。
4 コンニャクにパクチー味噌を塗り、お好みでパクチーの種をミルでひいてかければ完成です。

近畿

パク醤油で食べる生湯葉（湯葉）

生湯葉を、パクチー風味のお醤油とわさびでいただく幸せ。
優雅な雰囲気と気品のある一品をどうぞ。

材料（2人分）

生湯葉 ••• 100g
パクチー ••• 適量
わさび ••• 適量
［パク醤油］
パクチーの根っこ ••• 30g
濃口醤油 ••• 30mℓ
酒 ••• 10mℓ
みりん ••• 10mℓ
三温糖 ••• ひとつまみ

作り方

1 パク醤油の材料を鍋に入れ、強火にかけます。
2 沸騰したら弱火にして、3分間煮込んだら、火から下ろして冷ましておきます。
3 生湯葉を一口大に切り、器に盛りつけたら、その上にパクチーをのせます。
4 パク醤油とわさびを添えたら完成です。

＼one point／

パク醤油は、一日以上寝かせるとおいしくなります。

近畿　京野菜のパクチーディップ（京野菜）

生の京野菜の風味や栄養価を、
特製のパクチーディップとともに、そのままいただきます。

材料（2人分）

賀茂なす ••• 50g
聖護院大根 ••• 50g
万願寺唐辛子 ••• 50g
お好みの野菜 ••• 適量
［パクチーディップ］
パクチーペースト※ ••• 大さじ3
マヨネーズ ••• 大さじ3
レモン汁 ••• 少々
塩、コショウ ••• 少々

※パクチーペーストのレシピはP.65を参照。

作り方

1 パクチーディップの材料を、ボウルに入れて混ぜます。
2 野菜を洗って食べやすい大きさに切り、盛りつければ完成です。

＼one point／
このディップは、フライドポテトなどにつけて食べてもおいしくいただけます。

四国 カツオのカルパクチョ（カツオ）

元来は、牛ヒレ肉を使うイタリア料理のカルパッチョ。
カツオを使った和洋折衷アレンジに、さらにパクチーをプラス。

材料（2人分）

カツオの刺身 ••• 200gぐらい
玉ねぎ ••• ½個
パクチー ••• 適量
ミニトマト ••• 2個
ベビーリーフ ••• 適量
パクチーの種(ひいたもの) ••• 少々
A
オリーブオイル ••• 大さじ2
レモン汁 ••• 大さじ1
塩、コショウ ••• 少々

作り方

1 玉ねぎをスライスし、冷水にさらしておきます。
2 他のボウルに、Aの材料を合わせておきましょう。
3 玉ねぎは手で水気をしぼります。
4 お皿に玉ねぎを敷いたら、一口大に切ったカツオの刺身を置きます。
5 その上に2をかけ、パクチーのみじん切りと8等分したミニトマトとベビーリーフを散らします。
6 パクチーの種をミルでひいて、振りかけたらできあがり。

四国 ジンジャーエール89（しょうが）

しょうがから作る、おいしいジンジャーエール。
そこへパクチーのマジックが加わります。

材料（一瓶分）

しょうが ••• 200g
三温糖 ••• 200g
ローリエ ••• 2枚
シナモン ••• 1本
クローブ ••• 5～6粒
黒コショウホール ••• 5～6粒
カルダモン ••• 2粒
パクチーの種 ••• 大さじ1
レモン汁 ••• 大さじ2
水 ••• 300cc

作り方

1 しょうがを洗って薄切りにし、三温糖をまぶし、水分が出てくるまでおきます。
2 水、ローリエ、シナモン、クローブ、黒コショウホール、カルダモン、パクチーの種を加えます。
3 はじめは中火で、沸騰してきたら弱火にして、時々かき混ぜながら20分ほど煮ます。
4 最後にレモン汁を入れ、軽く沸騰させたら火を消し、そのまま冷やします。こしたら完成です。

中国 シジミのパク醤油漬け（シジミ）

紹興酒で作るのが味の決め手。晩酌のお供にぜひどうぞ!

材料（2人分）

シジミ ••• 200g
熱湯 ••• 1カップ

A

ニンニク ••• 2片
しょうが ••• 1片
赤唐辛子 ••• 1本
パクチーの根っこ ••• 10g
醤油 ••• 150mℓ
紹興酒 ••• 大さじ3
みりん ••• 大さじ1
砂糖 ••• 小さじ1
酢 ••• 小さじ1
パクチーの種 ••• 小さじ1

作り方

1 砂抜きしたシジミを鍋に入れ、沸騰したお湯をかけます。蓋をしてしじみが口を開けるまで待ち、口を開けないものは取り除きましょう。

2 別の鍋にAの材料をすべて入れて、火にかけます。一煮立ちしたらアクをすくって火を止め、完全に冷まします。

3 2に1を漬けて冷蔵庫に入れ、3時間ほど寝かせます。お皿に盛り、漬け汁を上からかければ完成です。

中国 パクトロロ（長芋）

トロロの粘りと弾力に、
パクチーとミョウガの上品な風味を加えた一品です。

材料（2人分）

長芋 ••• 10cmくらい
パクチー ••• 30g
パクチーの種
（ひいたもの） ••• 適量
ミョウガ ••• 半分
醤油 ••• 適量

作り方

1 長芋をすりおろします。
2 1にみじん切りにしたパクチーとミルでひいたパクチーの種、ミョウガのせん切りを入れます。
3 食べる前に醤油を適量入れ、混ぜていただきます。

＼one point／

ご飯だけでなく、
おそばやうどんにかけるのもおすすめです。

九州

じとっこのパクチーオイル漬け焼き（みやざき地頭鶏）

みやざき地頭鶏の歯ごたえを満喫!
噛むほどに、口の中にジューシーさが広がります。

材料（2人分）

鶏もも肉（みやざき地頭鶏）••• 1枚
ニンニク ••• 少々
アンチョビ ••• 2枚
旬のキノコ ••• 50g
サラダ菜、サニーレタス ••• 適量
塩、コショウ ••• 少々
醤油 ••• 小さじ2
乾燥パクチー ••• 少々

A
オリーブオイル ••• 100mℓ
パクチー（根っこ付き）••• 4本
ニンニク ••• 2片
唐辛子 ••• 1本
塩、コショウ ••• 少々

B
パクソース※ ••• 大さじ1
バルサミコ酢 ••• 小さじ1
パクチーの根っこ ••• 適量

※パクソースのレシピはP.29を参照。

作り方

1 鶏もも肉の余分な脂身を取り、筋を包丁の根元部分でたたきます。塩、コショウをふったら容器に入れ、Aを加えて一晩冷蔵庫で寝かせます。
2 漬け込んだ鶏もも肉をフライパンに出し、漬けていた唐辛子とニンニク、漬け汁からとった大さじ1のオリーブオイルを入れて強火にかけます。
3 皮目をカリッと焼いたら裏返します。表面がパリッとしたら、余分な油をペーパーで少しふき取り、180℃のオーブンで10分間焼きます。
4 フライパンに漬け汁のオリーブオイル大さじ1を加え、みじん切りのニンニクとアンチョビを入れてからキノコを加え、強火で一気に仕上げます、塩、コショウで味を調えたら、醤油を加えて香りをつけます。
5 フライパンにBの調味料を入れサラダのドレッシングを作ります。鶏の焼き汁を加えて、軽く煮詰めましょう。
6 器にサラダ菜とサニーレタスを盛り、5をかけ、焼いた鶏もも肉とキノコを盛りつけます、最後に乾燥パクチーをのせたら完成です。

九州

いちごパクリームパフェ（博多あまおう）

パクチーを入れた生クリームといちご。緑と赤が色鮮やか!
クリーミーなのにさわやかな、絶品スイーツをお楽しみください。

材料（1人分）

いちご（博多あまおう）••• お好みの量
生クリーム ••• 100mℓ
パクチー ••• 20g
砂糖 ••• 20g
アイスクリーム ••• 適量
コーンフレーク ••• 適量

作り方

1 生クリーム、パクチー、砂糖をミキサーで混ぜ、パクリームを作ります。
2 器に1、いちご、アイスクリーム、コーンフレークなど、お好きな具材をデコレーションすれば完成です。

＼one point／

パフェグラスに盛りつければ、パフェらしさが満点ですが、
もちろんお好みの器でどうぞ。

沖縄

パクチー豆腐のスクガラスのせ（スクガラス）

沖縄の宮廷料理・スクガラス豆腐。
スクガラスの強い塩気が豆腐とマッチし、お酒のつまみに最適。

材料（2人分）

スクガラス ••• 6尾

［パクチー豆腐］

くず粉 ••• 50g

水 ••• 600mℓ

パクチーペースト※ ••• 50g

塩 ••• 小さじ⅓

昆布だし ••• 300mℓ

※パクチーペストのレシピはP.65を参照。

作り方

1 鍋にくず粉と水を入れます。くず粉がほぼ溶けたら、パクチーペーストと塩、昆布だしを加えて火にかけます。

2 木べらを鍋底に沿わせてかき混ぜながら加熱していき、とろみがついてきたら素早く練ります。全体がふつふつとしてきたら、少し練って火を止めます。

3 型に入れ、あら熱をとったら冷蔵庫で冷やします。

4 完全に冷えたら、型抜きで6つ抜きます。スクガラスをのせれば完成です。

＼one point／

クッキーの型などを使って、さまざまな形が作れます。
おもてなし料理などにも、ぜひいかがですか？

沖縄 チラガーの麻《マー》辣《ラー》あえ（チラガー）

コリコリとした食感がたまらなくクセになる！
香ばしいチラガーに、パクチーの香りとピリ辛の味付けが冴え渡ります。

材料（2人分）

チラガー ••• 60g
人参 ••• 10g
キュウリ ••• 10g
セロリ ••• 10g
パクチー ••• 30g
白ゴマ ••• 少々

A

辣醤(ラージャン) ••• 10g
醤油 ••• 大さじ1
酢 ••• 小さじ2
ゴマ油 ••• 小さじ1

作り方

1 チラガー、人参、キュウリ、セロリをすべてせん切りにします。
2 ボウルにAすべてを入れ、混ぜ合わせておきます。
3 2に1と、パクチーを入れてあえます。
4 仕上げに白ゴマを振りかけたら完成です。

＼one point／

すべての材料の長さや太さが均等になるように切ると、味・食感が良くなります。

パクチー麺開発秘話

「商圏２万キロ」を標榜するパクチーハウス東京には、海外から、また国内でも地方から結構な数の方が来て下さいます。そんな中、遠方からのお客さまと話をするとよくいただくのが、「何かお土産になるオリジナルグッズのようなものはありませんか？」という質問です。

新幹線や飛行機で“ご来パク”いただき、「次はいつ来られるか分からない」「残念だけど、最初で最後の来店になるかもしれない」とおっしゃる方も多くいらっしゃいます。パクチーハウス東京を開いてから１年ほどが経ったとき、僕はこのような方のご要望に応えたいと思い立ちました。

Ｔシャツやキーホルダー、バッジなど、さまざまなものを検討しましたが、いまいちピンと来ません。

それから何日かが過ぎ、食品会社に勤めるお客さまと話をしていたとき、新しい麺の企画を相談されたのです。そんなとき、僕のネタはやはりパクチーしかありません。「パクチー麺を作れば?」と僕は即答しました。「目新しさで注目されるし、パクチーハウス東京という販売場所もすでにあるし、何よりウケると思いますよ。一緒に楽しいことしましょう」。

実を言うと、パクチーを練り込んだ麺を作ったとしても、パクチーの味は乾燥させるとほぼ消えてしまいます。だから珍しさはあってもそれだけになるのではと思っていました。ただ、パクチーだけで着色した緑色の麺があれば、遠くから来てくださったお客さまが思い出として、またはお土産として持って帰るのにいいアイテムになるという確信はありました。

そして２カ月後、届いた試作品を食べたときの衝撃!　麺としてめちゃくちゃ美味しかったのです。生パクチーそのものの味がするわけではありませんが、パクチーの奥深くにある苦みが麺の味わいとして残っています。その苦みが、ほかの食材のうまさを引き出す効果を発揮しそうです。これは純粋に普及させたいと強く感じました。生のパクチーは長期保存が難しいけれど、乾麺であればいろいろなところへパクチーを届けることもできます。

味と色味は、小麦粉の種類とパクチーの含有量で調節しました。

パクチー麺は基本的にはうどんと同じ製法でできています。製造過程で乾燥させたパクチーを加えて色づけ、味つけ、香りづけをしており、余計なものが入っていないので、ゆで汁は、パクチーの香りがほんのり漂う「パク湯」として楽しめます。

不思議な縁から勢いでできた商品です。そのタイミングでお客様と話をしなければ、この世に存在しなかったかもしれません。パクチーでアンテナを張って張って張りつめていた結果、生まれたのだと思っています。パクチー麺もパクチーハウス東京も、縁から生まれた偶然の産物なのです。

そして僕たちは、ますますディープなパクチーワールドにはまり込んでいくことになります。

パクチー麺のサイト　http://paxi.mn/

パクチーハウス東京のコンセプト

パクチーハウス東京は「世界初のパクチー料理専門店」です。
すべての料理にパクチーを使い、パクチーが持つさまざまな特徴を十二分に活かしつつ、パクチーに関する世界中の叡智を集めて、“ご来パク”されるみなさまに美味しさと驚きを感じてもらいたいと考えています。

一方で、パクチーハウス東京は「交流する飲食店」というサブタイトルを持っています。海外のゲストハウスのように、お客さま同士が気軽に会話をしたり、ちょっとした接点を見つけて盛り上がったり、“ご来パク”される方に食欲だけでなく心をも満たしてほしいのです。

パクチーを選んだ訳

「どうしてパクチー?」と問われたことは今まで数えきれないぐらいあります。好き嫌いがハッキリしている食材であり、嫌いな人ばかりとも言える食材をすべての料理に使うなんて常軌を逸しているといったことを、創業前はあらゆる人から言われました。
飲食業経験の長い方や起業の専門家からは、「危険だ」「意味が分からない」とまで言われたので、さすがにその度に心を痛め、考え直したほうがよいのだろうかとも思いましたが、僕より飲食業のことを「よく知っている」人たちがあまりにも否定するので、そこにチャンスがあるのではないかと、逆に意地でもやってやろうという気持ちが起こったのも事実です。

「好き嫌いがハッキリしている」というのは一面の事実だと思いますが、「嫌いだった人が好きになる」例もたくさんあることを、パクチーハウス東京より以前から立ち上げていた『日本パクチー狂会』（2005年に旗揚げ）の活動を通して僕は知っていました。
そしてもう一つの視点、パクチーを「知っているか、知らないか」のほうが、好きか嫌いかより重要な要素であると僕は思っていました。

パクチーは10世紀の『和妙類聚抄（わみょうるいじゅしょう）』という書物に記録が残っているため、それ以前には日本に渡っていたはずです。江戸時代の『料理塩梅集（りょうりあんばいしゅう）』にもパクチーが寿司の薬味として使われていたという記述があるそうです。

しかし21世紀になっても、日本ではパクチーを料理に使う習慣が定着せず、知らない人が圧倒的に多かったのです。パクチーハウス東京の内装工事の見積もりをお願いしたとき、8社のうち2社の人に、「バクチ」（博打）とか大丈夫ですか?　と聞かれました（笑）。

では、パクチーを知っていたのはどういう人でしょうか?

僕が『日本パクチー狂会』のイベントなどで出会った「パクチー好き」の傾向を見ると、旅や国際交流を好む人がほとんどでした。この2年ぐらいで、スーパーでパクチーを見かけたり、エスニック料理屋さん以外でもようやくパクチーを使い始めるようになりましたが、それまではパクチーを認知しているのは、日本以外の国に行ったり異文化交流をしたことのある人がほとんどというような状態だったのです。

こうした中でパクチーを「知っている」人は、僕が経営する『株式会社 旅と平和』（パクチーハウス東京の運営会社）が事業を通じて証明したいと考えている、「旅人が増えれば平和になる。世界が明るく楽しくなる」という思いが感覚的にわかる“旅人”の要素を持っている人だと思っています。まずはそういう人を集めたかったし、そういう人との会話を通じて、その実感を、世界を動かす原動力にできるだろうと思っていました。

旅と平和

大学生の頃、旅を通じていろいろなことを学びました。たとえば、自分たちが相対的にとても幸せな境遇にいること。特に経済力が強い国にいるので、ちょっとアルバイトをすれば世界を見て回ることができるし、旅先でいろいろなことを学べます。
旅ではカルチャーショックほどではないにしても日常の気づきがたくさんあり、自分が住んでいる日本のいいところ、悪いところ、面白いところ、くだらないところがよく分かります。旅先ではたくさんの人に出会えます。現地の人はもちろん、多くの旅人にも。そして同じ日本人にも。

世界各国に友達ができましたが、実は境遇の近い日本人との出会いが、大きな衝撃を僕にもたらしました。
渋谷のスクランブル交差点ですれ違った人に話しかけることは通常ありませんし、そうすればおかしな人と思われるでしょうが、テヘランの道端であれば「日本人ですか?」の一言で話し始めることができます。ゲストハウスに行けば、年齢も職業も立場もまったく異なる日本人がいて、気軽に話をすることができます。旅は「普段会わない国の人たちに会う」だけでなく、「普段近くにいるはずだけど決して話をしない人たちに会う」絶好の機会でもあるのです。

環境が変わると、コミュニケーションの仕方も手段も種類も変わります。そこには自分の人生を面白くするためのアイデアがたくさんあります。

やがて僕はその中に、自分の住む社会、そして社会と密接に関わりのある世界を変えるヒントがあるのではないかと思うようになりました。

学生時代は、僕と同じ気づきを得てもらいたくて、すべての日本人に旅してほしいと思っていました。旅の情報をトラベル雑誌などに積極的に発信したり、情報交換の場として海外放浪ネットワーク「BEEMAN」という学生・社会人サークルを立ち上げたりしました。

その結果、旅に出ていないときでも、旅の途中と同じように刺激的な会話ができることに気づいたのです。

僕はその後もずっと、海外を見て回るといういわゆる一般的な意味での旅を続けていますし、旅と同じ効果のある“体験”を日本で続けています。

僕は会社を作る前に３つの会社で働き、フリーランスとして活動したり、イギリスに留学したりもしました。

会社員として過ごした数年の間には、「時間がない」「お金がない」が口癖の人をたくさん見ました。旅をしようという提案を受け入れるどころの話ではありません。

また、就職・結婚・出産という人生のハイライトともいえる三大イベントを、「何か好きなことをやめる」理由にしている人も多く見ました。「就職したら休みは取れないし、旅なんてもってのほか!」「嫁が（旦那が）動かない人だから、海外とか行けるわけがない!」「子どもと一緒に行っても手がかかるだけ!」などなど。

僕がいろいろな国で会った多くの旅人は、これと逆の感覚を持っていました。新しいパートナー、家族ができたからこそ、世界を見て回ろうというポジティブさです。そういう人たちと話した経験があったので、一般的な日本人にありがちな思考に、僕は違和感を持っていました。

さまざまな活動を通じて自分の人生と旅について考えつつ、僕がライフワークとしてやろうと思ったのは、「日常から離れたところで非日常的な体験をしてもらう」ことではなく、「日常の中で非日常的な体験をしてもらい、いろいろな人の人生に小さな衝撃を与え続ける」ことでした。

僕が少しずつ社会のことを考え始めた高校生のときから、今までの期間と重なる「失われた

20年」によって、暗くなっている日本人に視野を広げることで得られる楽しみを知ってもらい、少しでも世の中が明るくなるように事業を展開したいと考えています。

日常の中で誰もがすることの中から、僕は「食」の分野を最初のフィールドに選びました。ご飯を食べる、お酒を飲むという極めて日常的な行為に、他人とのコミュニケーションや幅広い知識の獲得という要素を組み合わせつつ、旅で感じるような感覚を味わってもらおうと思いました。
そして、その感覚とその先にある結果、つまり「旅と平和」をより早く理解してくれるのが、「パクチーを知っている人たち」だと思ったのです。

広がるパクチーの世界

「旅と平和」というのは、僕が3度目のユーラシア大陸横断で中央アジアの国々を歩いている頃（2002年）に思いついたキーワードです。そこからパクチーに行き着くとは、当時は想像すらしませんでしたが、そのキーワードをずっと頭の中心に置きながら生活をしていました。
「パクチーの世界での呼び名について」（P.30）で書いた通り、パクチーのスペルを「旅と平和」の意味を込めて“paxi”としたのは、そういう思いが根底にあったからです。
「旅と平和」というキーワードを思いついたことと、パクチーに特化した団体を作ろうと思ったことはまったく関連していませんが、スペルを考えるという過程を経て、これらを結びつけることができました。

《Piece Of Peace プラザ》

パクチーハウス東京のウェブサイトを開いたとき、パクチーは「旅と平和の象徴」だと書きました。その思いの一環として、店内の空いている壁や空間を“Piece Of Peace プラザ”とし、アーティストやミュージシャン、意思のある人たちに開放しています。その際、「旅と平和」というテーマで発想してくださいとお願いし、さまざまな人の視点で「旅と平和」が表現されてきました。これからも多様な視点でそれが表現されることを願っています。こういう試みをしているので、同時にパクチーと同じぐらいマニアックな食材を提案してくれる人や、パクチーをモチーフにしたキャラクターを作ってくれる人も出てきました。

また、パクチーという普段あまり食べない、旅を想起させる食材をベースにして、そこに相席や立食パーティー、立ち飲みスペースといった交流を促す仕組みが相まって、パクチーハウス東京では“パク友”として仲良くなる人がたくさんいます。パクチーや旅という共通の話題が人をつなげやすくしているようで、みなさん笑顔でこの場を楽しんでいます。
食事するだけでなく、それ以外のものを何か持って帰ってほしいと僕は常々思っていますので、お客さまがたまたま居合わせた人との会話を楽しんでいる様子を、とても嬉しく感じています。

《PAX Coworking》

数年前、パクチー料理を食べているお客さまから「この店にいる人は100%笑っている。こんな店見たことない!」と言われたことがあります。飲食店は楽しく食事をする場だから当然だと思っていたのですが、客席を愚痴などマイナスな話も出やすい個室に特化し、それをお客さまへのサービスと主張する店があったり、壁に向かって早食いを強要する低価格業態がたくさんできたりしているので、パクチーハウス東京の現状は一つの価値になるなと思いました。

「100%笑っている」という状態は人をリラックスさせ、発想を豊かにします。
そしてあるとき僕は、これをオフィスに応用したら革命的な変化が起こるのではないかと思いつきました。これまで大小さまざまな組織で働いてきましたが、どこへ行っても一定の割合、仕事の愚痴を言う人がおり、最近では心の病にかかる人も出ています。理想論と言われたとしても、僕は「100%笑っている」仕事場を実現したいと思いました。

パクチーを食べてにこやかに時を過ごすお客さまたちと対峙すること約8カ月、欧米でブームになりつつあった「コワーキング」という仕事の仕方に出会いました。コワーキングとは、異なる仕事を持つ人が集まって仕事場を共有することで、コミュニケーションを積極的に取り入れ、情報や知恵をシェアして、互いに高めあっていこうという新しい発想のワークスタイルです。このコンセプトがすでに世界に存在することを知って、僕は嬉しく思いました。
それからほどなく、2010年7月に、東京で最初のコワーキングスペースである『PAX Coworking』を、パクチーハウス東京の上の階に開きました。パクチーから生まれたこのスタイルのオフィスは、新しい働き方として現在日本で200カ所以上にまで広がっています。コワーキングを形容するキャッチフレーズとして広く使われるようになった「パーティーするように仕事する」は、こうした流れがあったからこそ生まれた言葉でもあります。

《シャルソン（ソーシャルマラソン）》

交流の場を飲食店から仕事場にまで広げてきた“paxi”ですが、場所にとらわれないスタイルでの交流を促す方法も展開しつつあります。

マラソン好きのお客さまから触発されて僕も２年半前から朝ランを始めたのですが、その延長として、フランスはボルドーのメドックマラソンというマラソン大会に参加するようになりました。この大会では、給水所にワインが置かれています。

実は、高校時代に学校主催のマラソン大会に出て以来、「走る＝辛い」という固定観念を持っていたのですが、お客さまから走る楽しみを教えてもらい、メドックでの“パーティーするようにマラソンする”人々を見て、この日本版を作りたいと思いました。

タイムを第一義に考えることは、走る楽しみと必ずしも関係ないのでは？ と思ったので、マラソン大会のタイムを競うという制約を取り払いました。そして、それぞれの地域を活性化させながら地元の人同士が交流できることを願って立ち上げたのが『ソーシャルマラソン』です。

スマートフォンなどで距離や時間を自分で測れるようになったこと、また、人と人とのつながりを持ちたいと願う人が都市にも地方にも増えたことに対応したソーシャルなマラソン大会です。「記録より記憶を競う」をモットーに、自分の実力や体調に合わせて参加でき、ほかの参加者に話しかけるのが前提という点で、多くの人に喜ばれるイベントに成長しています。

旅という非日常性を日常に持ち込みたいという気持ち、そして旅人の中で話題になりやすいパクチーという“メディア”が持つ特性が、“paxi”の世界を広げてきました。

本書を読むみなさんに、まずはぜひパクチーを味わい、料理してほしい。そして世界中で食べられているこの草と話題性を活かして、面白い体験をたくさんしてほしいと思っています。

パクチーのように生きろ！ ——意外性と多様性を常に許容して、みんなで面白い世界を作っていきたいと思います。